Vorwort

Viele Menschen denken immer noch, dass die Low Carb Ernährung bedeutet, man würde nur Fleisch essen dürfen, doch das stimmt nicht. Alles ist möglich, man kann sehr viele Dinge nachbauen.

Mit meinem Buch möchte ich Ihnen zeigen, dass sogar Süßigkeiten und Süßspeisen möglich sind.

Ich wünsche Ihnen viel Spaß und Freude mit meinem Buch.

Inhaltsverzeichnis

Süßigkeiten

Cola Fläschchen
Himbeere Chili Gummitiere
Waldmeister Vanille Weingummi
Grüntee Blätter
Ingwer Stäbchen
Schwarztee Zitrone Gummitiere
Orangen Marzipan Kartoffen
Marzipan Kartoffeln
Kokos Kugeln
Rum Kugeln
Schoko Pfeffer Kugeln
Haselnuss Kugeln
Kaffee Schokolade
Pistazien Schokolade
Walnuss Schokolade
Kokos Schokolade
Rum Schokolade
Mandelberge

Nachtisch
Bayerisch Creme
Vanille Mascarpone
Heidelbeere Mascarpone
Himbeere Mascarpone
Walnuss Mascarpone
Kokosmilch Eis
Kokosmilch Rum Eis

Mandelmilch Eis
Mandel Eis
Pistazien Eis
Erdbeere Balsamico Eis
Brombeere Joghurt Eis
Zitronen Pfefferminz Eis
Chai Tee Sahne Eis
Gebrannte Mandeln Eis
Himbeere Buttermilch Eis
Ceylon Tee Eis
Würziges Zimt Eis

Gebäck
Schoko Mandel Makronen
Kokos Makronen
Butter Waffeln
Marzipan Waffeln
Walnuss Waffeln
Erdnussbutter Plätzchen
Mandelmus Plätzchen
Schoko Cookies
Orangen Schoko Cookies
Marzipan Schoko Cookies
Vanille Wölkchen
Gebrannte Mandeln
Brownies
Mandel Cupcakes mit Vanille Häubchen
Schokolade Himbeere Cupcakes
Erdbeer Schmand Torte
Saftige Kaffee Creme Torte
Sahne Schokoladen Torte
Heidelbeere Kokos Torte

Getränke
Erdbeer Smoothie
Beeren Smoothie
Heidelbeere Joghurt Smoothie
Bananen Smoothie

Nachtrag zum Impressum / Copyright

Süßigkeiten

Cola Fläschchen

Zutaten:
250 ml Cola light
½ TL Agar Agar
1 Pck. Zitronen Götterspeise
ohne Zucker

Zubereitung:
30 ml der Cola in ein Gefäß geben und mit dem Agar Agar anrühren. Die restliche Flüssigkeit aufkochen und das gelöste Agar Agar unterrühren. Das Götterspeise Pulver einrühren.

Die Masse entweder in ein flaches Gefäß füllen und nach dem Erkalten in Würfel schneiden oder in passende Formen gießen.

Guten Appetit!

Himbeere Chili Gummitiere

Zutaten:
250 ml Wasser
½ TL Agar Agar
1 Pck. Himbeere Götterspeise
ohne Zucker
1 gute Prise Chili

Zubereitung:
30 ml des Wassers in ein Gefäß geben und mit dem Agar Agar anrühren. Die restliche Flüssigkeit aufkochen und das gelöste Agar Agar unterrühren. Das Götterspeise Pulver einrühren. Eine Prise Chili einrühren.

Die Masse entweder in ein flaches Gefäß füllen und nach dem Erkalten in Würfel schneiden oder in passende Formen gießen.

Guten Appetit!

Waldmeister Vanille Weingummi

Zutaten:
250 ml Wasser
½ TL Agar Agar
1 Pck. Waldmeister Götterspeise
ohne Zucker
Mark einer Vanilleschote

Zubereitung:
30 ml des Wassers in ein Gefäß geben und mit dem Agar Agar anrühren. Die restliche Flüssigkeit aufkochen und das gelöste Agar Agar unterrühren. Das Götterspeise Pulver einrühren. Das Mark aus der Vanilleschote auskratzen und in die Flüssigkeit einrühren.

Die Masse entweder in ein flaches Gefäß füllen und nach dem Erkalten in Würfel schneiden oder in passende Formen gießen.

Guten Appetit!

Grüntee Blätter

Zutaten:
250 ml Grüntee, stark
Süßstoff nach Geschmack
½ TL Agar Agar
1 Pck. Gelatine, gemahlen für
500 ml Flüssigkeit

Zubereitung:
30 ml des Wassers in ein Gefäß geben und mit dem Agar Agar und der Gelatine anrühren. Die restliche Flüssigkeit aufkochen und das gelöste Agar Agar und die Gelatine unterrühren.

Die Masse entweder in ein flaches Gefäß füllen und nach dem Erkalten in Würfel schneiden oder in passende Formen gießen.

Guten Appetit!

Ingwer Stäbchen

Zutaten:
250 ml Ingwer Tee, stark
1 große Prise Ingwer, gemahlen
Süßstoff nach Geschmack
½ TL Agar Agar
1 Pck. Gelatine, gemahlen für
500 ml Flüssigkeit

Zubereitung:
30 ml des Wassers in ein Gefäß geben und mit dem Agar Agar und der Gelatine anrühren. Die restliche Flüssigkeit aufkochen und das gelöste Agar Agar und die Gelatine unterrühren. Nun das Ingwer Pulver unterrühren.

Die Masse entweder in ein flaches Gefäß füllen und nach dem Erkalten in Würfel schneiden oder in passende Formen gießen.

Guten Appetit!

Schwarztee Zitrone Gummitiere

Zutaten:
250 ml Schwarztee, stark
1 EL Zitronensaft
Süßstoff nach Geschmack
½ TL Agar Agar
1 Pck. Gelatine, gemahlen für
500 ml Flüssigkeit

Zubereitung:
30 ml des Wassers in ein Gefäß geben und mit dem Agar Agar und der Gelatine anrühren. Die restliche Flüssigkeit aufkochen und das gelöste Agar Agar und die Gelatine unterrühren. Zitronensaft unterrühren.

Die Masse entweder in ein flaches Gefäß füllen und nach dem Erkalten in Würfel schneiden oder in passende Formen gießen.

Guten Appetit!

Orangen Marzipan Kartoffeln

Zutaten:
200 g Mandeln, gemahlen
1 EL abgeriebene Schale einer Bio Orange
1 Eiweiß
Süßstoff nach Geschmack
1 Fläschchen Bittermandelaroma
etwas Kakaopulver
(Backkakao)

Zubereitung:
Alle Zutaten außer dem Kakaopulver in eine Schüssel geben. Sollte die Masse noch zu trocken sein, etwas Wasser hinzugeben. Aus der Masse Marzipankartoffeln formen und in das Kakaopulver wenden. Im Kühlschrank aufbewahren.

Guten Appetit!

Marzipan Kartoffeln

Zutaten:
200 g Mandeln, gemahlen
1 Eiweiß
Süßstoff nach Geschmack
1 Fläschchen Bittermandelaroma
etwas Kakaopulver
(Backkakao)

Zubereitung:
Alle Zutaten außer dem Kakaopulver in eine Schüssel geben. Sollte die Masse noch zu trocken sein, etwas Wasser hinzugeben. Aus der Masse Marzipankartoffeln formen und in das Kakaopulver wenden. Im Kühlschrank aufbewahren.

Guten Appetit!

Kokos Kugeln

Zutaten:
200 g Kokos, gemahlen
100 g Butter, weich
Süßstoff nach Geschmack
20 g Sahne
100 g Kokosflocken

Zubereitung:
Alle Zutaten außer Kokosraspeln in eine Schüssel geben. Sollte die Masse noch zu trocken sein, etwas Wasser hinzugeben. Aus der Masse Kugeln formen und in die Kokosflocken wenden. Im Kühlschrank aufbewahren.

Guten Appetit!

Rum Kugeln

Zutaten:
150 g Mandeln, gemahlen
50 g Kakaopulver
100 g Butter, weich
20 g Sahne
Süßstoff nach Geschmack
1 Fläschchen Rumaroma
etwas Kakaopulver zum Wälzen
(Backkakao)

Zubereitung:
Alle Zutaten außer dem Kakaopulver zum Wälzen in eine Schüssel geben. Aus der Masse Kugeln formen und in das Kakaopulver wenden. Im Kühlschrank aufbewahren.

Guten Appetit!

Schoko Pfeffer Kugeln

Zutaten:
150 g Mandeln, gemahlen
50 g Kakaopulver
100 g Butter, weich
20 g Sahne
Süßstoff nach Geschmack
½ TL schwarzer Pfeffer aus der Mühle
etwas Kakaopulver zum Wälzen
(Backkakao)

Zubereitung:
Alle Zutaten außer dem Kakaopulver zum Wälzen in eine Schüssel geben. Aus der Masse Kugeln formen und in das Kakaopulver wenden. Im Kühlschrank aufbewahren.

Guten Appetit!

Haselnuss Kugeln

Zutaten
Teig
200 g Haselnüsse
gemahlen
1 TL Zimt
50 g Butter weich
1 EL Sahne
Süßstoff nach Geschmack
3 TL Eiweißpulver

Dekor
2 EL Haselnüsse gesplittert
kurz in der Pfanne anrösten
1 EL Streusüße
1 TL Zimt

Zubereitung
Alle Teigzutaten in eine Schüssel geben und verkneten. Dann den Teig zu Kügelchen rollen. Die Zutaten für das Dekor in ein Schälchen geben und vermischen. Die Kugeln darin wälzen. Im Kühlschrank aufbewahren.

Kaffee Schokolade

Zutaten:
250 g Kakaobutter
4 Kaffeebohnen, gemahlen
120 g Erythritol
Mark einer Vanilleschote
Süßstoff nach Geschmack
130 g Backkakao

Zubereitung:
Ein Wasserbad vorbereiten und die Kakaobutter darin schmelzen. Nun die übrigen Zutaten hinzufügen und alles miteinander verrühren. In eine Form geben und abkühlen lassen.

Guten Appetit!

Pistazien Schokolade

Zutaten:
250 g Kakaobutter
50 g Pistazien, gehackt
120 g Erythritol
Mark einer Vanilleschote
Süßstoff nach Geschmack
130 g Backkakao

Zubereitung:
Ein Wasserbad vorbereiten und die Kakaobutter darin schmelzen. Nun die übrigen Zutaten hinzufügen und alles miteinander verrühren. In eine Form geben und abkühlen lassen.

Guten Appetit!

Walnuss Schokolade

Zutaten:
250 g Kakaobutter
50 g Walnüsse, gehackt
20 g Walnüsse, gemahlen
120 g Erythritol
Mark einer Vanilleschote
Süßstoff nach Geschmack
130 g Backkakao

Zubereitung:
Ein Wasserbad vorbereiten und die Kakaobutter darin schmelzen. Nun die übrigen Zutaten hinzufügen und alles miteinander verrühren. In eine Form geben und abkühlen lassen.

Guten Appetit!

Kokos Schokolade

Zutaten:
250 g Kakaobutter
50 g Kokosflocken
120 g Erythritol
Mark einer Vanilleschote
Süßstoff nach Geschmack
130 g Backkakao

Zubereitung:
Ein Wasserbad vorbereiten und die Kakaobutter darin schmelzen. Nun die übrigen Zutaten hinzufügen und alles miteinander verrühren. In eine Form geben und abkühlen lassen.

Guten Appetit!

Rum Schokolade

Zutaten:
250 g Kakaobutter
1 Fläschchen Rumaroma
120 g Erythritol
Mark einer Vanilleschote
Süßstoff nach Geschmack
130 g Backkakao

Zubereitung:
Ein Wasserbad vorbereiten und die Kakaobutter darin schmelzen. Nun die übrigen Zutaten hinzufügen und alles miteinander verrühren. In eine Form geben und abkühlen lassen.

Guten Appetit!

Mandelberge

Zutaten
200 g Mandeln gestiftet
2 EL Sahne
200 g Schokolade 85 %

Zubereitung
Die Schokolade im Wasserbad schmelzen. Die Mandeln und die Sahne unterrühren. Ein Blech mit Backpapier belegen und kleine Häufchen der Masse darauf setzen. Im Kühlschrank stellen und fest werden lassen.

Nachtisch

Bayerisch Creme

Zutaten:
500 g Erdbeeren, frisch
500 g Sahne, geschlagen
8 Eigelbe
3 TL Süßstoff, flüssig
10 Blatt Gelatine
1 Fläschchen Rumaroma

Zubereitung:
Die Gelatine nach Anweisung auf der Packung einweichen. Mit einen Topf und eine Schüssel ein Wasserbad bauen und das Wasser erwärmen, es darf jedoch nicht kochen. In die leere Schüssel die Eigelbe, Süßstoff und Rumaroma geben. Aufschlagen, bis alles eine festere Konsistenz hat. Die Schüssel vom Kochtopf nehmen. Die Gelatine ausdrücken. Kalt weiterrühren. Die Erdbeeren pürieren und einrühren. Vorsichtig die Sahne unterheben. Alles in Portionsschälchen füllen und mindestens 4 Stunden kaltstellen.

Vanille Mascarpone

Zutaten:
500 g Mascarpone
200 g geschlagene Sahne
Süßstoff nach Geschmack
Mark einer Vanille Schote

Zubereitung:
Die Mascarpone und die Sahne in eine Schüssel geben. Alles vorsichtig unterheben. Die Vanille Schote auskratzen und das Mark hinzugeben. Alles nach Geschmack süßen und servieren.

Heidelbeere Mascarpone

Zutaten:
500 g Mascarpone
100 g Heidelbeeren, frisch
200 g geschlagene Sahne
Süßstoff nach Geschmack
Mark einer Vanille Schote

Zubereitung:
Die Mascarpone und die Sahne in eine Schüssel geben. Alles vorsichtig unterheben. Die Vanille Schote auskratzen und das Mark hinzugeben. Alles nach Geschmack süßen und servieren.

Himbeere Mascarpone

Zutaten:
500 g Mascarpone
200 g geschlagene Sahne
100 g Himbeeren, frisch
Süßstoff nach Geschmack
Mark einer Vanille Schote

Zubereitung:
Die Mascarpone und die Sahne in eine Schüssel geben. Alles vorsichtig unterheben. Die Vanille Schote auskratzen und das Mark hinzugeben. Alles nach Geschmack süßen und servieren.

Walnuss Mascarpone

Zutaten:
500 g Mascarpone
200 g geschlagene Sahne
200 g Walnüsse, gemahlen
Süßstoff nach Geschmack
Mark einer Vanille Schote

Zubereitung:
Die Mascarpone und die Sahne in eine Schüssel geben. Alles vorsichtig unterheben. Die Vanille Schote auskratzen und das Mark hinzugeben. Nun die Walnüsse hinzugeben und die Masse verrühren. Alles nach Geschmack süßen und servieren.

Kokosmilch Eis

Zutaten:
500 g Kokosmilch
50 g Kokosraspeln
Saft einer Zitrone
Süßstoff nach Geschmack
50 g Kokosöl

Zubereitung:
Alle Zutaten in einen Kochtopf geben und kurz aufkochen. 1 Stunde im Kühlschrank abkühlen lassen. Alles in die Eismaschine geben und so lange verarbeiten lassen, bis das Eis eine gute Konsistenz hat.

Guten Appetit!

Kokosmilch Rum Eis

Zutaten:
500 g Kokosmilch
50 g Kokosraspeln
Saft einer Zitrone
1 Fläschchen Rumaroma
Süßstoff nach Geschmack
50 g Kokosöl

Zubereitung:
Alle Zutaten in einen Kochtopf geben und kurz aufkochen. 1 Stunde im Kühlschrank abkühlen lassen. Alles in die Eismaschine geben und so lange verarbeiten lassen, bis das Eis eine gute Konsistenz hat.

Guten Appetit!

Mandelmilch Eis

Zutaten:
500 g Mandelmilch
150 g Mandeln, gemahlen
Süßstoff nach Geschmack
50 g Kokosöl

Zubereitung:
Alle Zutaten in einen Kochtopf geben und kurz aufkochen. 1 Stunde im Kühlschrank abkühlen lassen. Alles in die Eismaschine geben und so lange verarbeiten lassen, bis das Eis eine gute Konsistenz hat.

Guten Appetit!

Mandel Eis

Zutaten:
400 g Sahne, flüssig
200 g Sojamilch
100 g Mandeln, gemahlen
1 Fläschchen Bittermandel Aroma
Saft einer Zitrone
Süßstoff nach Geschmack
50 g Kokosöl

Zubereitung:
Alle Zutaten in einen Kochtopf geben und kurz aufkochen. 1 Stunde im Kühlschrank abkühlen lassen. Alles in die Eismaschine geben und so lange verarbeiten lassen, bis das Eis eine gute Konsistenz hat.

Guten Appetit!

Pistazien Eis

Zutaten:
400 g Sahne, flüssig
200 g Sojamilch
100 g Pistazien, gemahlen
Mark einer Vanille Schote
Süßstoff nach Geschmack
50 g Kokosöl

Zubereitung:
Alle Zutaten in einen Kochtopf geben und kurz aufkochen. 1 Stunde im Kühlschrank abkühlen lassen. Alles in die Eismaschine geben und so lange verarbeiten lassen, bis das Eis eine gute Konsistenz hat.

Guten Appetit!

Erdbeere Balsamico Eis

Zutaten:
400 g Sahne, flüssig
100 g Sojamilch
150 g Erdbeeren, in Stücken
1 EL Balsamico Essig
Saft einer Zitrone
Süßstoff nach Geschmack
50 g Kokosöl

Zubereitung:
Alle Zutaten in einen Kochtopf geben und kurz aufkochen. 1 Stunde im Kühlschrank abkühlen lassen. Alles in die Eismaschine geben und so lange verarbeiten lassen, bis das Eis eine gute Konsistenz hat.

Guten Appetit!

Brombeere Joghurt Eis

Zutaten:
200 g Brombeeren, zerkleinert
200 g Naturjoghurt
3 Eigelbe
Süßstoff
300 g Sahne

Zubereitung:
Etwa 3 Teelöffel Süßstoff mit dem Eigelb schlagen. Die Sahne steif schlagen. Nun die übrigen Zutaten hinzugeben und vermischen. Eventuell nochmals etwas nachsüßen. In eine Eismaschine geben, bis das Eis gefroren ist.

Zitronen Pfefferminz Eis

Zutaten:
Saft einer Zitrone
1 EL abgeriebene Zitronenschale
100 g Pfefferminztee, stark
3 Eigelbe
Süßstoff
500 g Sahne

Zubereitung:
Etwa 3 Teelöffel Süßstoff mit dem Eigelb schlagen. Die Sahne steif schlagen. Nun die übrigen Zutaten hinzugeben und vermischen. Eventuell nochmals etwas nachsüßen. In eine Eismaschine geben, bis das Eis gefroren ist.

Chai Tee Sahne Eis

Zutaten:
100 g Chai Tee, stark
3 Eigelbe
Süßstoff
500 g Sahne

Zubereitung:
Etwa 3 Teelöffel Süßstoff mit dem Eigelb schlagen. Die Sahne steif schlagen. Nun die übrigen Zutaten hinzugeben und vermischen. Eventuell nochmals etwas nachsüßen. In eine Eismaschine geben, bis das Eis gefroren ist.

Gebrannte Mandeln Eis

Zutaten:
100 g Mandeln
in 1 EL Öl in der Pfanne
anbraten, mit Zimt bestäuben
und abkühlen lassen.
Dann die Mandeln klein hacken
100 g Mandeln, gemahlen
3 Eigelbe
Süßstoff
500 g Sahne

Zubereitung:
Etwa 3 Teelöffel Süßstoff mit dem Eigelb schlagen. Die Sahne steif schlagen. Nun die übrigen Zutaten hinzugeben und vermischen. Eventuell nochmals etwas nachsüßen. In eine Eismaschine geben, bis das Eis gefroren ist.

Himbeer Buttermilch Eis

Zutaten:
200 g Himbeeren, zerkleinert
3 Eigelbe
Süßstoff
300 g Sahne
200 g Buttermilch

Zubereitung:
Etwa 3 Teelöffel Süßstoff mit dem Eigelb schlagen. Die Sahne steif schlagen. Nun die übrigen Zutaten hinzugeben und vermischen. Eventuell nochmals etwas nachsüßen. In eine Eismaschine geben, bis das Eis gefroren ist.

Ceylon Tee Eis

Zutaten
200 g starker Ceylon Tee
Süßstoff
400 g Sahne
3 Eigelbe
Saft einer Zitrone

Zubereitung
Tee, Eigelbe, Zitronensaft, Süßstoff nach Geschmack in eine Schüssel geben und kurz aufschlagen. Die Sahne in eine andere Schüssel geben und steif schlagen. Mit den übrigen Zutaten vermengen und in die Eismaschine füllen.

Würziges Zimt Eis

Zutaten:
½ TL Zimt
50 g Walnüsse, gemahlen
Mark einer Vanille Schote
3 Eigelbe
Süßstoff
500 g Sahne

Zubereitung:
Etwa 3 Teelöffel Süßstoff mit dem Eigelb schlagen. Die Sahne steif schlagen. Nun die übrigen Zutaten hinzugeben und vermischen. Eventuell nochmals etwas nachsüßen. In eine Eismaschine geben, bis das Eis gefroren ist.

Gebäck

Schoko Mandel Makronen

Zutaten:
2 Eiweiße, sehr steif geschlagen
120 g Sukrin
130 g gemahlene Mandeln
1 EL gehackte Mandeln
2 EL Backkakao

Zubereitung:
Das steif geschlagene Eiweiß in eine Schüssel geben. Die übrigen Zutaten unterrühren. Ein Backblech mit Backpapier auslegen. Ca. 20 Häufchen des Teiges darauf verteilen. Bei 150 Grad Umluft ca. 20 Minuten backen.

Kokos Makronen

Zutaten:
2 Eiweiße, sehr steif geschlagen
120 g Sukrin
130 g gemahlene Kokosflocken
1 EL Kokosflocken

Zubereitung:
Das steif geschlagene Eiweiß in eine Schüssel geben. Die übrigen Zutaten unterrühren. Ein Backblech mit Backpapier auslegen. Ca. 20 Häufchen des Teiges darauf verteilen. Bei 150 Grad Umluft ca. 20 Minuten backen.

Butter Waffeln

Zutaten:
200 g weiche Butter
8 Eier
250 g Quark
50 g Leinsaat, gemahlen
50 g Mandeln, gemahlen
100 g Eiweißpulver, Vanille
1 Prise Salz
Süßstoff nach Geschmack

Zubereitung:
Ein Waffeleisen vorheizen und einfetten. Alle Teigzutaten miteinander vermischen. Löffelweise abbacken und genießen.

Marzipan Waffeln

Zutaten:
200 g weiche Butter
8 Eier
250 g Quark
50 g Leinsaat, gemahlen
50 g Mandeln, gemahlen
100 g Eiweißpulver, Vanille
1 Fläschchen Bittermandel Aroma
1 Prise Salz
Süßstoff nach Geschmack

Zubereitung:
Ein Waffeleisen vorheizen und einfetten. Alle Teigzutaten miteinander vermischen. Löffelweise abbacken und genießen.

Walnuss Waffeln

Zutaten:
200 g weiche Butter
8 Eier
250 g Quark
50 g Leinsaat, gemahlen
50 g Walnüsse, gemahlen
50 g Walnüsse, gehackt
100 g Eiweißpulver, Vanille
1 Prise Salz
Süßstoff nach Geschmack

Zubereitung:
Ein Waffeleisen vorheizen und einfetten. Alle Teigzutaten miteinander vermischen. Löffelweise abbacken und genießen.

Erdnussbutterplätzchen

Zutaten
150 g Erdnussbutter
1 Ei
10 g Flohsamenschalen, gemahlen
Mark einer Vanilleschote
Süßstoff nach Geschmack

Zubereitung
Alle Zutaten in eine Rührschüssel geben und mit dem Rührgerät eine Minute lang vermischen. Ein Backblech mit Backpapier belegen und mit zwei Löffeln kleine Portionen Teig abstechen. Die kleinen Häuflein auf das Backpapier setzen. Bei 200 Grad ca. 12 Minuten backen.

Mandelmus Plätzchen

Zutaten
150 g Mandelmus
1 Ei
10 g Flohsamenschalen, gemahlen
Mark einer Vanilleschote
Süßstoff nach Geschmack

Zubereitung
Alle Zutaten in eine Rührschüssel geben und mit dem Rührgerät eine Minute lang vermischen. Ein Backblech mit Backpapier belegen und mit zwei Löffeln kleine Portionen Teig abstechen. Die kleinen Häuflein auf das Backpapier setzen. Bei 200 Grad ca. 12 Minuten backen.

Schoko Cookies

Zutaten
150 g Mandeln gemahlen
120 g Butter
1 Ei
½ TL Natron
Süßstoff nach Geschmack
50 g Schokolade 85 % gehackt
1 Prise Salz
10 g Flohsamenschalen, gemahlen

Zubereitung
Alle Zutaten in eine Schüssel geben. Mit dem Rührgerät gut durchkneten. Mit zwei Löffeln auf ein mit Backpapier belegtes Blech Teighäufchen geben. Etwas Abstand lassen, da die Cookies etwas auseinander laufen. Bei 200 Grad 15 Minuten backen.

Orangen Schoko Cookies

Zutaten
150 g Mandeln gemahlen
120 g Butter
1 EL abgeriebene Schale einer Bio Orange
1 Ei
½ TL Natron
Süßstoff nach Geschmack
50 g Schokolade 85 % gehackt
1 Prise Salz
10 g Flohsamenschalen, gemahlen

Zubereitung
Alle Zutaten in eine Schüssel geben. Mit dem Rührgerät gut durchkneten. Mit zwei Löffeln auf ein mit Backpapier belegtes Blech Teighäufchen geben. Etwas Abstand lassen, da die Cookies etwas auseinander laufen. Bei 200 Grad 15 Minuten backen.

Gebrannte Mandeln

250 g Mandeln
1 Eiweiß
1 EL Lebkuchengewürz
Süßstoff nach Geschmack

Zubereitung
Eiweiß, Gewürz und Süßstoff in eine Schüssel geben und vermischen. Nun die Mandeln hinzufügen und darin wälzen. Ein Backblech mit Backpapier auskleiden und die Mandeln hinauf geben. Bei 200 Grad backen bis sie knackig braun sind.

Marzipan Schoko Cookies

Zutaten
150 g Mandeln gemahlen
120 g Butter
1 Fläschchen Bittermandelaroma
1 Ei
½ TL Natron
Süßstoff nach Geschmack
50 g Schokolade 85 % gehackt
1 Prise Salz
10 g Flohsamenschalen, gemahlen

Zubereitung
Alle Zutaten in eine Schüssel geben. Mit dem Rührgerät gut durchkneten. Mit zwei Löffeln auf ein mit Backpapier belegtes Blech Teighäufchen geben. Etwas Abstand lassen, da die Cookies etwas auseinander laufen. Bei 200 Grad 15 Minuten backen.

Vanillewölkchen

Zutaten
50 g Butter weich
100 g Eiweißpulver neutral
2 EL Vanillearoma
3 EL Süßstoff flüssig
2 Eier
2 EL Sahne
½ TL Backpulver

Zubereitung
Die Zutaten in eine Schüssel füllen und mit dem Rührgerät kräftig durchrühren. Den Teig für eine Stunde in den Kühlschrank stellen. Ein Backblech mit Backpapier auslegen. Aus dem Teig Kügelchen formen und auf das Blech geben. Ca. 15 Minuten bei 200 Grad backen.

Brownies

Zutaten
200 g Butter weich
80 g Kakaopulver zum Backen
Süßstoff nach Geschmack
4 Eier
150 g Mandeln gemahlen
10 g Flohsamenschalen, gemahlen

Zubereitung

Alle Zutaten in eine Schüssel geben und verrühren. Ein tiefes Blech mit Backpapier belegen und den Teig draufschütten. Ca. 20 Minuten bei 200 Grad backen und in Stücken schneiden. Wer möchte, kann noch eine Tafel Schokolade 85% schmelzen und die Brownies damit überziehen.

Mandel Cupcakes mit Vanille Häubchen

Zutaten

Teig
200 g Quark
50 g Butter
5 Eier
200 g gemahlene Mandeln
1 TL Backpulver
Süßstoff nach Geschmack

Frosting
100 g weiche Butter
100 g Frischkäse
Mark einer Vanilleschote
Süßstoff nach Geschmack

Zubereitung
Den Ofen auf 180 Grad Ober- und Unterhitze vorheizen. Die Eier trennen und das Eiweiß steif schlagen. Nun das geschlagene Eiweiß beiseite stellen. Die übrigen Zutaten für den Teig in eine Schüssel geben und mit dem Handrührgerät zu einem sämigen Teig vermischen. Das Eiweiß unterheben. Ein Muffinblech mit Papierförmchen auskleiden und jeweils bis zur Hälfte mit Teig füllen. Die Muffins ca. 20 Minuten backen. Abkühlen lassen. Die Zutaten für das Frosting in eine Schüssel geben und vermischen. ½ Stunde im Kühlschrank stehen lassen. Alles in einen Spritzbeutel füllen und hübsch auf die Küchlein drapieren. Guten Appetit!

Schokoladen Himbeere Cupcakes

Zutaten

Teig
200 g Quark
50 g Butter
30 g Backkakao
5 Eier
200 g gemahlene Mandeln
1 TL Backpulver
Süßstoff nach Geschmack

Frosting
100 g weiche Butter
100 g Frischkäse
30 g Himbeeren, zerkleinert
1 Messerspitze Bindobin
Süßstoff nach Geschmack

Zubereitung
Den Ofen auf 180 Grad Ober- und Unterhitze vorheizen. Die Eier trennen und das Eiweiß steif schlagen. Nun das geschlagene Eiweiß beiseite stellen. Die übrigen Zutaten für den Teig in eine Schüssel geben und mit dem Handrührgerät zu einem sämigen Teig vermischen. Das Eiweiß unterheben. Ein Muffinblech mit Papierförmchen auskleiden und jeweils bis zur Hälfte mit Teig füllen. Die Muffins ca. 20 Minuten backen. Abkühlen lassen. Die Zutaten für das Frosting in eine Schüssel geben und vermischen. ½ Stunde im Kühlschrank stehen lassen. Alles in einen Spritzbeutel füllen und hübsch auf die Küchlein drapieren. Guten Appetit!

Erdbeer Schmand Torte

Zutaten

Tortenboden
110 g flüssige Butter
120 ml Sahne
5 Eier
100 g Mandelmehl
Süßstoff nach Wahl
1 TL Backpulver
1/2 TL Natron
1 Prise Salz
1 Fläschchen Vanillearoma
1 TL Guarkernmehl

Creme
4 Becher Schmand
10 g. Gelatine
Süßstoff nach Geschmack
Mark einer Vanilleschote

Belag
500 g Erdbeeren

Zubereitung
Alle Zutaten für den Boden in eine Schüssel geben. Mit dem Handrührgerät zu einem sämigen Teig verrühren. Eine Backform einfetten und den Teig hineingeben. Bei 160 Grad Umluft ca. 30 Minuten backen.

Die Gelatine in ein Gefäß geben und in ca. 50 g Wasser (kalt) mindestens 10 Minuten quellen lassen. Die übrigen Zutaten für die Creme in eine Schüssel geben und verrühren. Die Gelatine in der Mikrowelle kurz erhitzen und unter die Creme rühren.

Den abgekühlten Boden durchschneiden und mit der Creme füllen. Die Erdbeeren waschen und in Scheiben schneiden. Auf den Kuchen verteilen.

Guten Appetit!

Saftige Kaffee Creme Torte

Zutaten

Tortenboden
110 g flüssige Butter
120 ml Sahne
5 Eier
100 g Mandelmehl
2 EL Backkakao
Süßstoff nach Wahl
1 TL Backpulver
1/2 TL Natron
1 Prise Salz
1 Fläschchen Vanillearoma
1 TL Guarkernmehl

Creme
800 g Sahne
10 g Gelatine
1 EL Backkakao
2 EL Instant Kaffee

1 Tafel Schokolade 85 % Kakao

Zubereitung
Alle Zutaten für den Boden in eine Schüssel geben. Mit dem Handrührgerät zu einem sämigen Teig verrühren. Eine Backform einfetten und den Teig hineingeben. Bei 160 Grad Umluft ca. 30 Minuten backen.

Die Gelatine in ein Gefäß geben und in ca. 50 g Wasser (kalt) mindestens 10 Minuten quellen lassen. Die übrigen Zutaten für die Creme in eine Schüssel geben und verrühren. Die Gelatine in der Mikrowelle kurz erhitzen und unter die Creme rühren.

Den abgekühlten Boden in 3 Scheiben durchschneiden und mit der Creme füllen.

Die Schokolade schmelzen und auf die oberste Tortenschicht geben.

Guten Appetit!

Sahne Schokoladen Torte

Zutaten

Tortenboden
110 g flüssige Butter
120 ml Sahne
5 Eier
100 g Mandelmehl
2 EL Backkakao
Süßstoff nach Wahl
1 TL Backpulver
1/2 TL Natron
1 Prise Salz
1 Fläschchen Vanillearoma
1 TL Guarkernmehl

Creme
800 g Sahne
10 g Gelatine
1 EL Backkakao, gestrichen

Zubereitung
Alle Zutaten für den Boden in eine Schüssel geben. Mit dem Handrührgerät zu einem sämigen Teig verrühren. Eine Backform einfetten und den Teig hineingeben. Bei 160 Grad Umluft ca. 30 Minuten backen.

Die Gelatine in ein Gefäß geben und in ca. 50 g Wasser (kalt) mindestens 10 Minuten quellen lassen. Die übrigen Zutaten für die Creme in eine Schüssel geben und verrühren. Die Gelatine in der Mikrowelle kurz erhitzen und unter die Creme rühren.

Den abgekühlten Boden in 3 Scheiben durchschneiden und mit der Creme füllen.

Guten Appetit!

Heidelbeere Kokos Torte

Zutaten

Tortenboden
110 g flüssige Butter
140 ml Sahne
5 Eier
100 g Mandelmehl
50 g Kokosraspeln
Süßstoff nach Wahl
1 TL Backpulver
1/2 TL Natron
1 Prise Salz
1 Fläschchen Vanillearoma
1 TL Guarkernmehl

Creme
200 g weiche Butter
½ TL Guarkernmehl
600 g Frischkäse
Süßstoff nach Wahl
100 g Kokosraspeln
Heidelbeeren

Zubereitung
Alle Zutaten für den Boden in eine Schüssel geben. Mit dem Handrührgerät zu einem sämigen Teig verrühren. Eine Backform einfetten und den Teig hineingeben. Bei 160 Grad Umluft ca. 30 Minuten backen.

Die Zutaten für die Creme in eine Schüssel geben und verrühren.

Den abgekühlten Boden in3 Scheiben durchschneiden und mit der Creme füllen.

Guten Appetit!

Getränke

Erdbeer Smoothie

Zutaten
200 g Erdbeeren
300 g Sojamilch
100 g Mineralwasser
Saft einer Zitrone
Süßstoff nach Geschmack
10 Eiswürfel

Zubereitung
Alle Zutaten in den Mixer geben und fein pürieren.
Umfüllen und kalt stellen.

Beeren Smoothie

Zutaten
300 g gefrorene Beerenfrüchte
500 g Sojamilch
100 g Mineralwasser
Süßstoff nach Geschmack

Zubereitung
Alle Zutaten in den Mixer geben und fein pürieren.
Umfüllen und kalt stellen.

Heidelbeere Joghurt Smoothie

Zutaten
100 g Heidelbeeren
600 g Sojajoghurt
100 g Mineralwasser
Süßstoff nach Geschmack
10 Eiswürfel

Zubereitung
Alle Zutaten in den Mixer geben und fein pürieren.
Umfüllen und kalt stellen.

Bananen Smoothie

Zutaten
1 Banane, geschält
300 g Sojajoghurt
300 g Sojamilch
100 g Mineralwasser
Süßstoff nach Geschmack
10 Eiswürfel

Zubereitung
Alle Zutaten in den Mixer geben und fein pürieren.
Umfüllen und kalt stellen.

Nachtrag zum Impressum / Copyright

- Bildmaterial
- Shutterstock.com
- Pixabay.com

Herstellung und Verlag:
BoD - Books on Demand, Norderstedt
ISBN 978-3-7392-1320-0

MIX
Papier aus verantwortungsvollen Quellen
Paper from responsible sources
FSC® C105338